VENTE du Mardi 14 Avril 1

COLLECTION DE M. Georges S....

HOTEL DROUOT SALLE N° 10

TABLEAUX — AQUARELLES
PASTELS — DESSINS

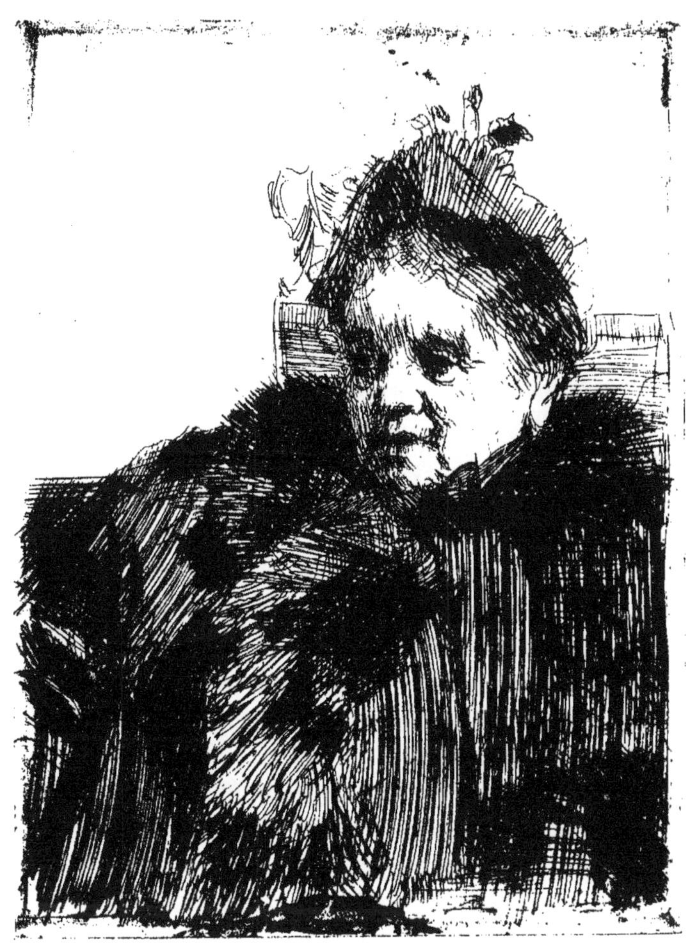

N° 112 du Catalogue.

EAUX-FORTES EN NOIR ET EN COULEURS
LITHOGRAPHIES — CÉRAMIQUE

Me André DESVOUGES,
COMMISSAIRE-PRISEUR
20, Rue de la Grange-Batelière.

M. Edmond SAGOT
Éditeur et Marchand d'Estampes
EXPERT
Rue de Châteaudun, 39 bis

IMPRIMERIE

FRAZIER-SOYE

153-157, Rue Montmartre

PARIS

TABLEAUX - AQUARELLES
PASTELS - DESSINS

Par MM.

BARBIER, H. BELLANGÉ, BERTRAND, BONNENCONTRE, BRISSOT, de BROCA, R. CASAS, C. de COCK, M. COGNIET, DAMOYE, de CLERMONT, Eug. DESHAYES, FLANDRIN, GAULIS, H. GERVAIS, Victor GILBERT, G. GRISEL, IWILL, KROHG, A. LUNOIS, H. MACKART, MERY, MOSSA, NARDI, OLIVE, OSBERT, PETITJEAN, PRÉVOST RITTER, REY, ROSA BONHEUR, ROSSERT, P. SAIN, STEINLEN, THORNLEY, TROUILLEBERT, VIERGE, VUILLEFROY.

EAUX-FORTES
EN NOIR ET EN COULEURS
LITHOGRAPHIES

Paul BERTHON, J. LEWIS-BROWN, R. CASAS, Edgard CHAHINE, A. CHARPENTIER, FANTIN-LATOUR, HELLEU, LUNOIS, Ch. MAURIN, A. MULLER, RANFT, MANUEL-ROBBE, F. ROPS, J. TISSOT, TRUCHET. A. ZORN.

CÉRAMIQUE

Dont la vente aux enchères publiques aura lieu

à Paris, HOTEL DROUOT, Salle N° 10

Le Mardi 14 Avril 1908

à deux heures

EXPOSITION PUBLIQUE LUNDI 13 AVRIL 1908

Me André DESVOUGES
COMMISSAIRE-PRISEUR
26, Rue de la Grange-Batelière

M. Edmond SAGOT
Éditeur et Marchand d'Estampes
EXPERT
Rue de Châteaudun, 39 bis

CONDITIONS DE LA VENTE

Elle sera faite au comptant.

Les adjudicataires paieront *dix pour cent* en sus des enchères.

M. Edmond Sagot remplira les commissions que voudront bien lui confier les amateurs ne pouvant y assister ; il se réserve, en outre, la faculté de diviser ou de rassembler les lots.

Exposition publique le 13 Avril 1908, Hôtel Drouot, Salle nº 10, de 2 heures à 5 heures.

DÉSIGNATION

PEINTURES — AQUARELLES — DESSINS

ANONYME

1. A la Fontaine en Espagne, sépia : cadre doré.
Haut., 0.22. Larg., 0.34.

2. Petit espagnol, aquarelle en médaillon ; cadre doré.
Haut., 0 19. Larg., 0.14.

BARBIER

3. Le Pont de Londres, aquarelle signée ; cadre bronzé.
Haut., 0.27. Larg., 0.38.

4. Les Toits de Nuremberg, aquarelle signée ; cadre bronzé.
Haut., 0.27. Larg., 0.37.

BELLANGE (Hippolyte)

5. Cuirassier de la Garde, dessin à la sanguine signé des initiales et daté 1868 ; cadre laqué noir et or.
Haut., 0.45. Larg., 0.25.

BERTRAND (E.)

6. Tête de gitane, peinture signée ; cadre doré.
Haut., 0.23. Larg., 0.17.

BONNENCONTRE (E.-C.)

7. Femme accoudée sur un lit, étude à la sanguine, signée ; cadre doré.
Haut., 0.32. Larg., 0.46.

8. Le Repos (femme nue couchée), étude à la sanguine, signée ; cadre doré.

Haut., 0.29. Larg., 0.53.

BRISSOT

9. Anier espagnol, peinture signée ; cadre doré.

Haut., 0.33. Larg., 0.45.

10. Moutons, peinture sur bois, signée ; cadre doré.

Haut., 0.18. Larg., 0.26.

BROCA (A. de)

11. Entrée de rivière d'Hennebont, aquarelle signée et datée : octobre 99 ; cadre blanc.

Haut., 0.46. Larg., 0.58.

CAPY (Marcel)

12. La Rencontre (Bourgeois et gigolettes) huit dessins en une page, à la plume rehaussés de crayon bleu signés (publiés dans le *Chat Noir*) ; cadre laqué blanc.

Haut., 0.40. Larg., 0.29.

CASAS (Ramon)

13. Etude d'Espagnole, dessin au crayon, rehaussé, signé ; cadre laqué blanc.

Haut., 0.30. Larg., 0.23.

14. Etude d'Espagnole, dessin au crayon, rehaussé, signé ; cadre laqué blanc.

Haut., 0.30. Larg., 0.23.

DE COCK (César)

15. Paysage en Picardie, peinture sur bois, signée et datée 1864 ; cadre doré.

Haut., 0.27. Larg., 0.41.

COGNIET (Marcel)

16. Vue de Venise, peinture ; cadre doré.

Haut., 0.37. Larg., 0.53.

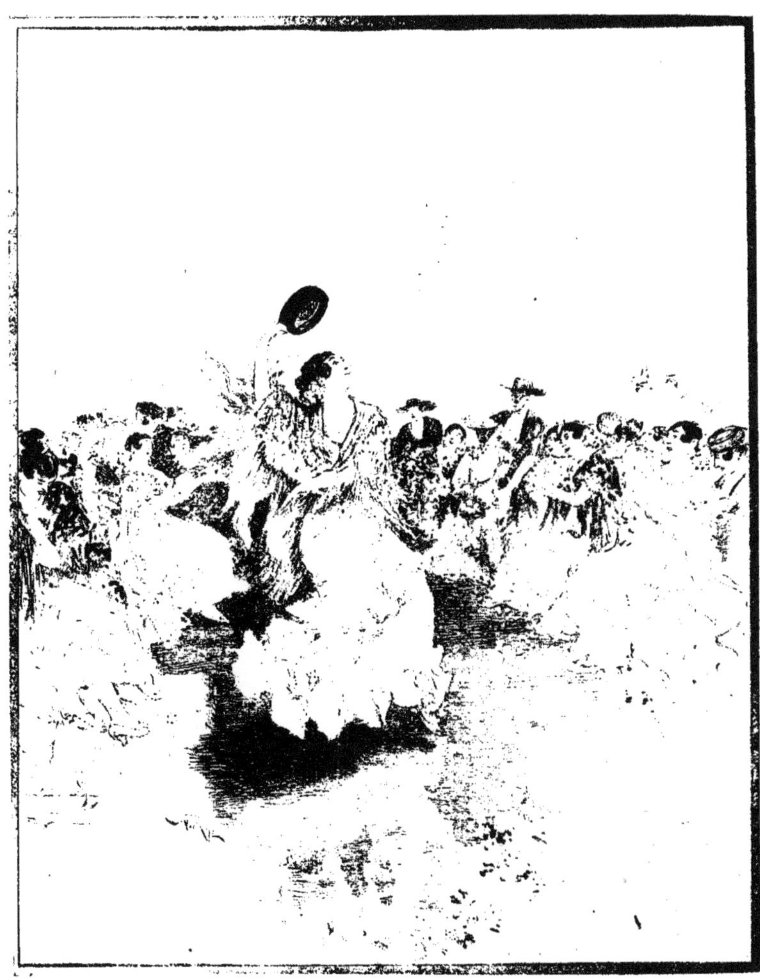

N° 63 du Catalogue.

DAMOYE (E.)

17. Paysage de Sologne, peinture signée et datée 98 ; cadre doré.

Haut., 0.32. Larg., 0.58.

DE CLERMONT

18. Etang en Sologne, le soir, aquarelle signée et datée 73 ; cadre doré.

Haut., 0.22. Larg., 0.17.

DESHAYES (Eugène)

19. Environs d'Alger, peinture ; cadre arabe en bois sculpté.

Haut., 0.23. Larg., 0.42.

20. Rochers en Mer, à Tipasa, peinture signée ; cadre doré.

Haut., 0.46. Larg., 0.55.

21. Sur la Route de Bou Saada, peinture signée ; cadre doré.

Haut., 0.31. Larg., 0.54.

DUPUY (Paul-M.)

22. Au Luxembourg — Les Pigeons, peinture, signée ; cadre blanc et or.

Haut., 0.49. Larg., 0.39.

FLANDRIN

23. Les mobiles de Maine-et-Loire, souvenir de 1870, dessin à la plume, signé et daté 1873 ; cadre doré.

Haut., 0.17. Larg., 0.25.

GAULIS (G.)

24. Barque de pêche, aquarelle signée ; cadre laqué blanc.

Haut., 0.19. Larg., 0.30.

25. Bords du Rhône, aquarelle signée ; cadre laqué blanc.

Haut., 0.17. Larg., 0.31.

26. Vue de Venise, aquarelle signée ; cadre laqué blanc.

Haut., 0.22. Larg., 0.13.

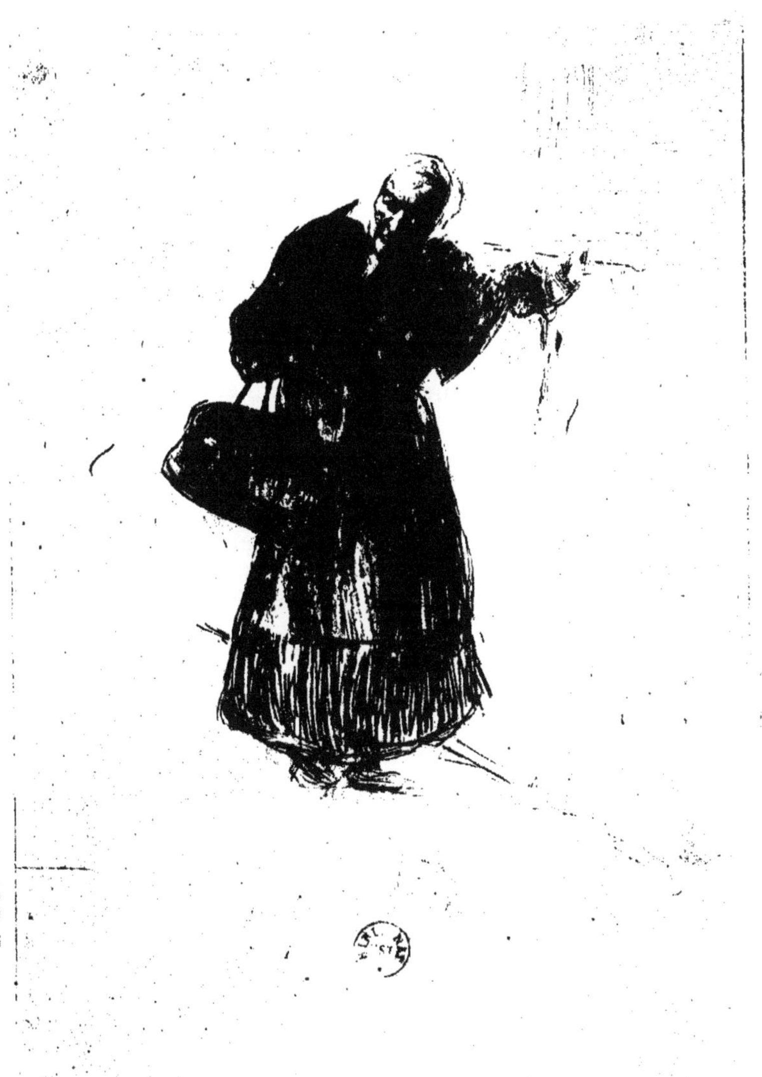

N° 73 du Catalogue.

27. Vue de Venise, aquarelle signée ; cadre laqué blanc.

Haut., 0.22. Larg., 0.11.

GERVAIS (H.)

28. Les Martigues ; peinture signée ; cadre doré.

Haut., 0.28. Larg., 0,54.

29. Paysage près de Biskra, peinture signée ; cadre doré.

Haut., 0.27, Larg., 0.54.

GILBERT (Victor)

30. Le Chanteur des rues, gouache signée ; cadre doré.

Haut., 0.37. Larg., 0.53.

31. Marchande de fleurs, Place du Théatre Français, gouache signée ; cadre doré.

Haut., 0.28. Larg., 0.38.

GRISEL (G.)

32. L'Hiver au bord du lac de Brienz, sépia signée ; cadre doré.

Haut., 0.24. Larg., 0.31.

33. Paturage de l'Ober Hasli, sépia ; signée cadre doré.

Haut., 0.20. Larg., 0.30.

IWILL (Renée)

34. Ballaigues (Jura) aquarelle, signée ; cadre bronzé.

Haut., 0.22. Larg., 0.30.

KROHG

35. Le Vieux pêcheur, peinture signée ; cadre doré.

Haut., 0.49. Larg., 0.65.

LEENHARDT (Max)

36. Idylle aux champs, peinture signée ; cadre doré.

Haut., 0.43. Larg., 0.69.

LUIGI LOIR

37. Douarnenez, aquarelle signée ; cadre chêne et or.

Haut., 0.36. Larg., 0.52.

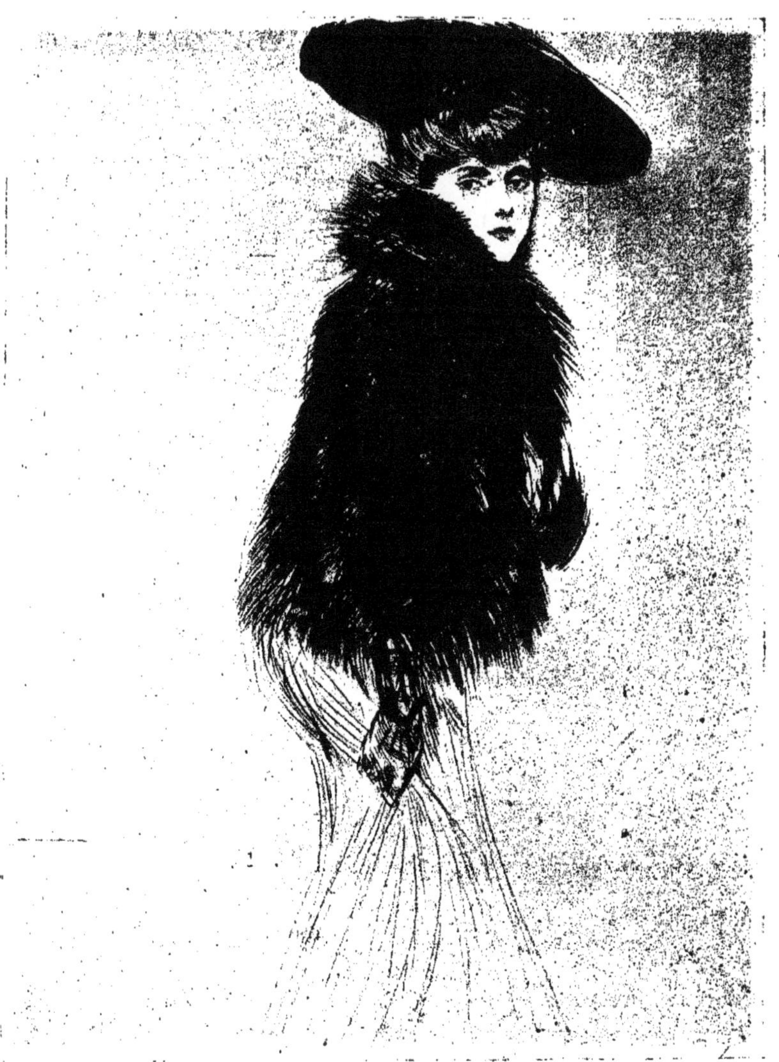

Nº 78 du Catalogue.

LUNOIS (Alexandre)

38. Aïn-el-Ouarka, pastel, signé ; cadre blanc et cadre doré.

Ruisseau serpentant au milieu de roches de couleurs variées aux tons lumineux.

Haut., 0.45. Larg., 0.56.

39. Aïn Sefra, peinture.

Haut., 0.45. Larg., 0.54.

40. Un r'dir aux environs d'Aïn Temouchent, pastel; cadre laqué blanc.

Haut., 0.37. Larg., 0.47.

MACKART (Hans)

41. Soldats autrichiens, dessin à la mine de plomb, signé.

Haut., 0.18. Larg., 0.13.

MÉRY

42. Poussins, aquarelle signée ; cadre doré.

Haut., 0.49. Larg., 0.33.

MOSSA (G. A.)

43. Deux vues de Falicon, près Nice, aquarelles en un cadre, signées et datées.

Haut., 0.22. Larg., 0.36.

44. Environs de Nice, 4 aquarelles en un cadre blanc et or, signées et datées 1907.

Haut., 0.37. Larg., 0.50.

45. Vues prises à Contes (Alpes-Maritimes), 4 aquarelles signées et datées ; cadre blanc et or.

Haut., 0.37. Larg., 0.50.

NARDI

46. Vue de Venise, peinture signée ; cadre doré.

Haut., 0.23. Larg., 0.32.

OLIVE (J.-B.)

47. Le Vieux port de Marseille, peinture (étude), cadre doré.

Haut., 0.28. Larg., 0.36.

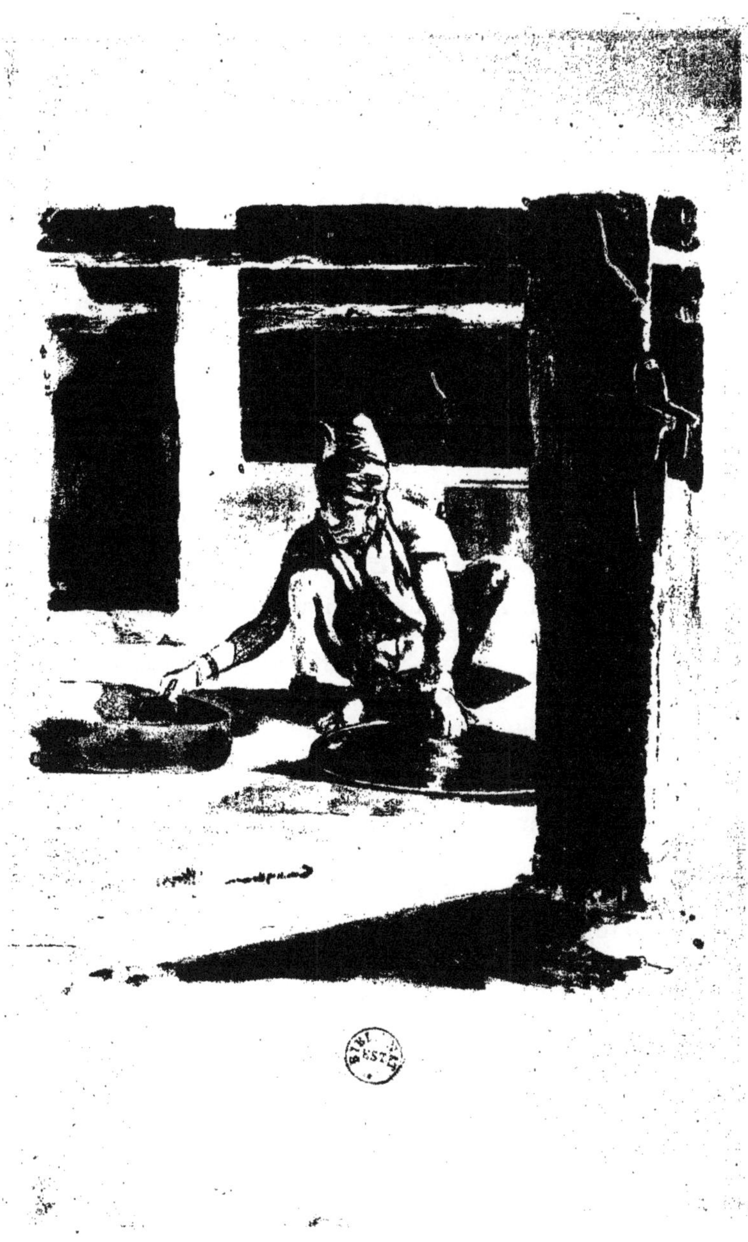

No 86 du Catalogue.

48. Venise, peinture signée; cadre doré.

Haut., 0.32. Larg., 0.41.

OSBERT (A.)

49. L'Heure Mauve, peinture signée ; cadre bronzé.

Haut., 0.36. Larg., 0.53.

PETITJEAN

50. Rue de village de la Meuse, peinture signée; cadre doré.

Haut., 0.44. Larg., 0.64.

PRÉVOST RITTER

51. Lisière de forêt à Genève, dessin signé ; cadre doré.

Haut., 0.22. Larg., 0.17.

REY

52. L'Atelier de Ziem, aux Martigues, aquarelle signée ; cadre laqué blanc et or.

Haut., 0.22. Larg., 0.50.

53. Au-dessus de l'Etang de Berre, aquarelle signée ; cadre laqué blanc et or.

Haut., 0.175. Larg., 0.380.

54. Le Miroir des Martigues, aquarelle signée; cadre laqué blanc et or.

Haut., 0.25. Larg., 0.55.

RISCHARTZ

55. Mare, sépia, signée ; cadre doré.

Haut., 0.24. Larg., 0.18.

ROSA BONHEUR

56. Etude de lionne, esquisse peinte, signée ; cadre doré.

Haut., 0.19. Larg., 0,32.

ROSSERT (P.)

57. Plage de Lion-s/-Mer, aquarelle signée; cadre laqué blanc.

Haut., 0.350. Larg., 0.525.

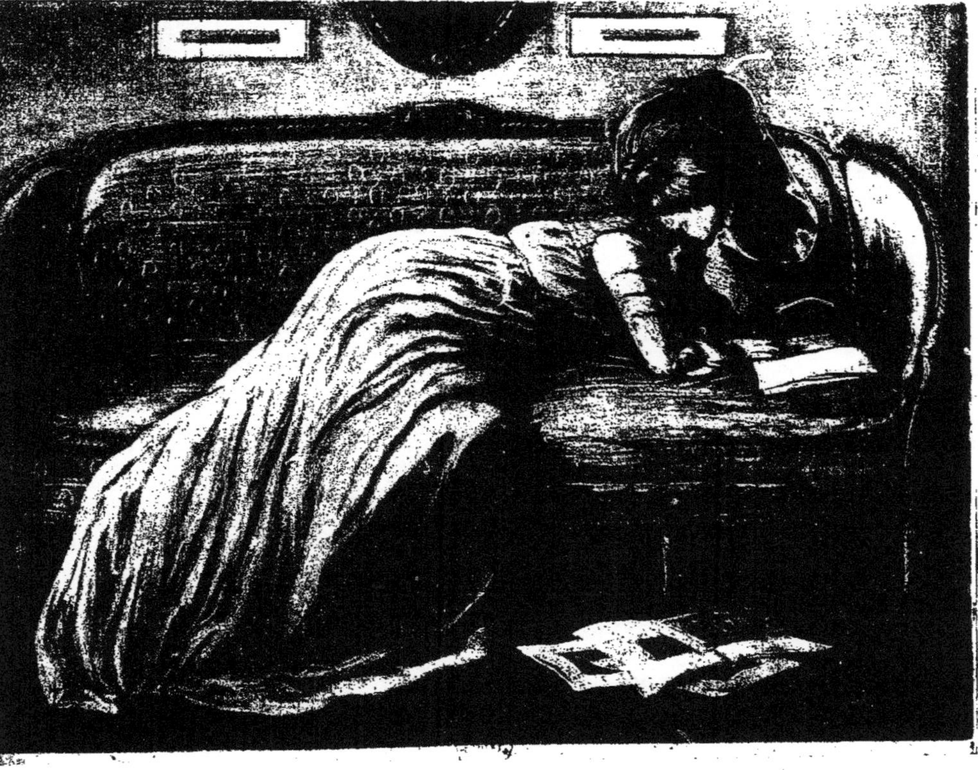

N° 89 du Catalogue.

58. Terrasse du Luxembourg, aquarelle sur toile, signée ; cadre laqué blanc.

Haut., 0.53. Larg., 0.80.

SAIN (P.)

59. Village, près d'Avignon, peinture signée ; cadre doré.

Haut., 0.26. Larg., 0.40.

STEINLEN

60. Saint-Nicolas, projet d'éventail, sanguine signée.

Haut., 0.33. Larg., 0.63.

THORNLEY (William)

61. Lac d'Ecosse, aquarelle signée ; cadre doré.

Haut., 0.37. Larg., 0.54.

TROUILLEBERT

62. Paysage, bord de lac, peinture signée.

Haut., 0.32. Larg., 0.40.

VIERGE (Daniel)

63. El Vito, danse andalouse, dessin à la plume, en hauteur, signé ; cadre doré.

Beau et important dessin.

Haut., 0.40. Larg., 0.31.

VUILLEFROY

64. Troupeau de bœufs, sépia signée ; cadre doré.

Haut., 0.45. Larg., 0.54.

ESTAMPES

BERTHON (Paul)

65. Etudes de nu, Nos 1 à 6, lithos en couleurs; cadres laqués blanc et or.

66. Mai, litho originale en couleurs sur Japon, signée et numérotée 3/50; cadre laqué blanc et or.

BROWN (John Lewis)

67. Eventail pour Molier, litho en couleurs, cadre doré.

CASAS (R.)

68. La Cycliste, fumé d'un dessin *rehaussé et signé* par l'artiste, cadre blanc et or.

69. 3 Reproductions de dessins, fumés *retouchés* et *signés* (une numérotée 6), en un cadre forme de frise; cadre blanc et or.

70. Tête de fillette, chromo-typographie *épreuve d'artiste*; cadre blanc et or.

CHAHINE (Edgar)

71. Portrait de Cornély, pointe sèche originale signée, superbe épreuve sur hollande; cadre chêne.

Tiré à très petit nombre et non mis dans le commerce.

72. Portrait d'Anatole France, pointe sèche originale, superbe épreuve signée, numérotée 13/40; cadre chêne.

Rare épreuve *avant la coupure* de la planche.

73. La Vieille femme, eau-forte originale, signée et numérotée 7, superbe épreuve *du 1er état* (tirée à 15); cadre chêne et or.

CHARPENTIER (Alexandre)

74. Laitière hollandaise dans son bateau, litho en couleurs, avec gaufrage, signée et numérotée ; cadre doré.

FANTIN-LATOUR

75. Baigneuse de dos (pendant de l'*Etude pour l'Eve*) (H. 147) litho originale, superbe épreuve d'artiste sur chine volant, signée ; cadre chêne.

76. Etude pour l'Eve (H. 152), lithographie originale, magnifique épreuve sur chine volant, signée ; cadre chêne.

GRUN

77. Ça, c'est épatant, je te croyais Juif ! litho originale ; cadre chêne.

HELLEU (Paul)

78. Le Collet de fourrure, pointe sèche *en couleurs*, très belle épreuve signée et numérotée (tirée à 50), cadre chêne et or.

    Une des plus belles œuvres de l'artiste, très rare et fort recherchée.

79. La Frileuse, pointe sèche originale, superbe épreuve en noir, signée et numérotée 5/50 ; cadre chêne et or.

80. Gogoeyes, pointe sèche originale en couleurs, très belle épreuve signée ; cadre chêne et or.

LUNOIS (Alexandre)

81. A la Corrida : Quieto, litho en couleurs ; cadre doré.

82. Le Colin-Maillard, litho en couleurs, signée et numérotée 28/40 ; cadre laqué blanc.

83. Djamina-bent-si-Djelloul, litho originale en couleurs, superbe épreuve sur japon pelure collé, signée.

    Très intéresssante pièce exécutée en manière de pastel ; cadre chêne.

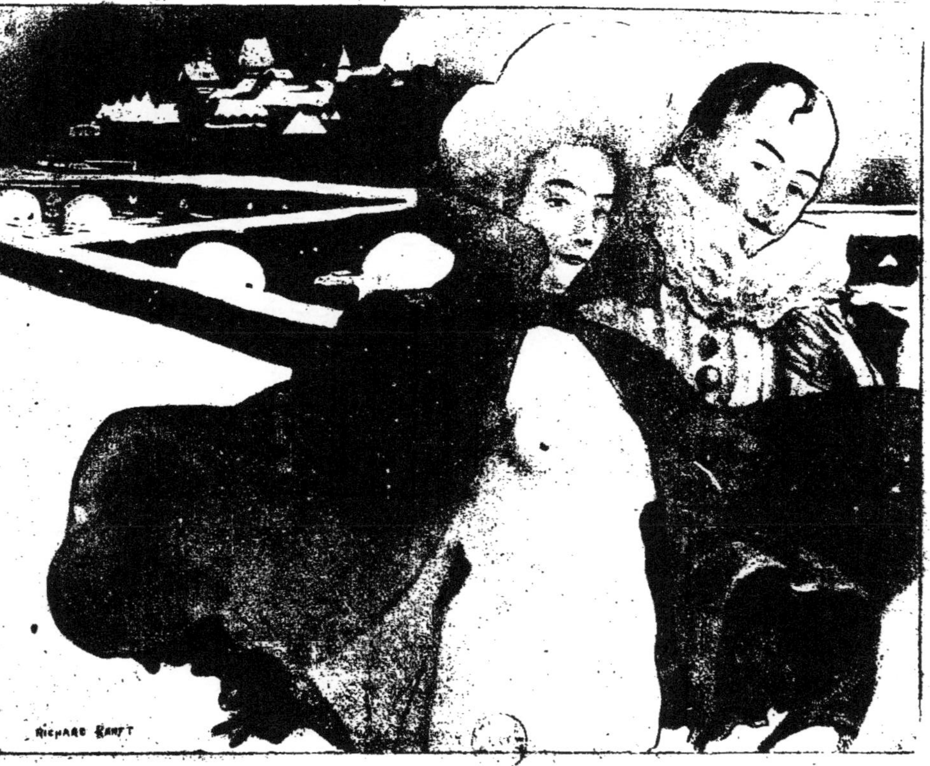

N° 93 du Catalogue.

84. Femme arabe sur la Terrasse, litho originale en couleurs, très belle épreuve encadrée ; chêne cannelé.

85. Femmes arabes au puits, litho originale en couleurs, superbe épreuve sur japon signée ; joli cadre érable orné et doré.

86. La Lessive dans le gourbi, litho originale en noir, exécutée au lavis, superbe épreuve sur japon pelure collé, signée ; cadre chêne.

MAURIN (Charles)

87. Les Nymphes à la Cascade, eau-forte originale, épreuve d'artiste signée ; cadre chêne et or.

88. Sortie de Bain, eau-forte originale en couleurs, très belle épreuve sur japon, signée et numérotée 13 ; cadre bois des îles.

MULLER (Alfred)

89. Le Livre préféré, eau-forte originale en couleurs, superbe épreuve signée ; cadre laqué acajou et or.

Tirée à 50 épreuves.

90. Marthe Mellot dans *la Gitane*, eau-forte originale en couleurs, signée ; cadre blanc (très belle épreuve retouchée par l'artiste).

91. La Nonchalante, eau-forte originale en couleurs, superbe épreuve signée ; cadre laqué acajou et or.

Tirée à 50 épreuves.

92. Le Vieux port du Pollet, eau-forte originale en couleurs, très belle épreuve signée et numérotée 3/40 : cadre doré.

RANFT (Richard)

93. Après le Bal, eau-forte en couleurs, superbe épreuve d'artiste : cadre doré.

Très belle pièce rare et recherchée.

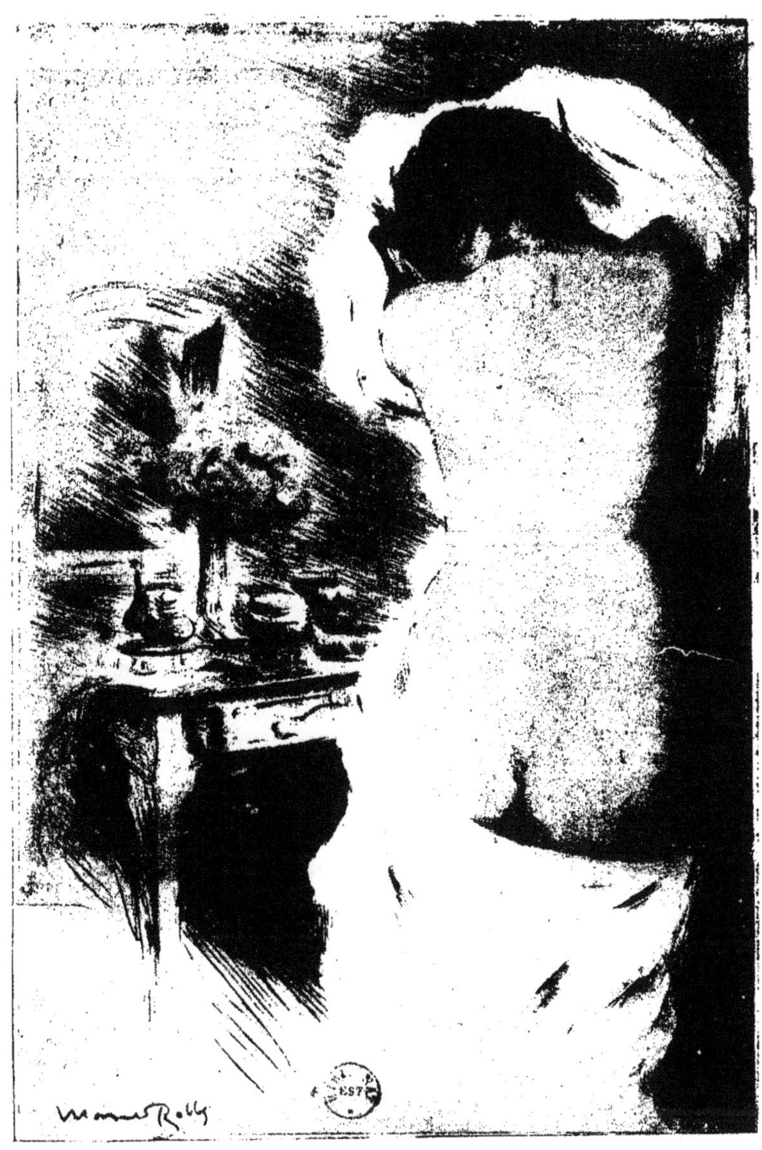

N° 96 du Catalogue.

94. Les Nymphes des Bords de la Seine, eau-forte originale, superbe épreuve imprimée en couleurs, sur Japon, signée et numérotée 5 ; cadre doré.

ROBBE (Manuel)

95. Les amies, eau-forte originale en couleurs, superbe épreuve signée et numérotée 2 (tirée à 7 épreuves), cadre blanc.

96. La Chemise enlevée, pointe sèche originale en couleurs, superbe épreuve signée, cadre doré (tirée à 18 épreuves *planche détruite*).

97. Devant la glace, eau-forte en couleurs, superbe épreuve, signée et numérotée 33/40 ; cadre laqué blanc.

98. Le Lever (femme mettant ses bas) eau-forte originale en couleurs, très belle épreuve signée ; cadre blanc.

99. La Neige, bords de l'Ornaing, eau-forte originale en couleurs, signée et numérotée 33/60 ; cadre chêne massif.

100. Le Printemps, 1re planche, eau-forte originale en couleurs, superbe épreuve sur japon, *signée et légendée par l'artiste*, cadre blanc.

101. Le Thé, eau-forte originale en couleurs, très belle épreuve, numérotée et signée N° 37/50 ; cadre blanc et or.

Une des premières œuvres de cet artiste.

ROPS (Félicien)

102. "Ma Golonelle"! (R. 127), superbe épreuve avec remarques sur japon signée ; cadre bronzé.

TISSOT (James)

103. Une histoire ennuyeuse (B. 25) pointe sèche originale, superbe épreuve sur japon, timbrée.

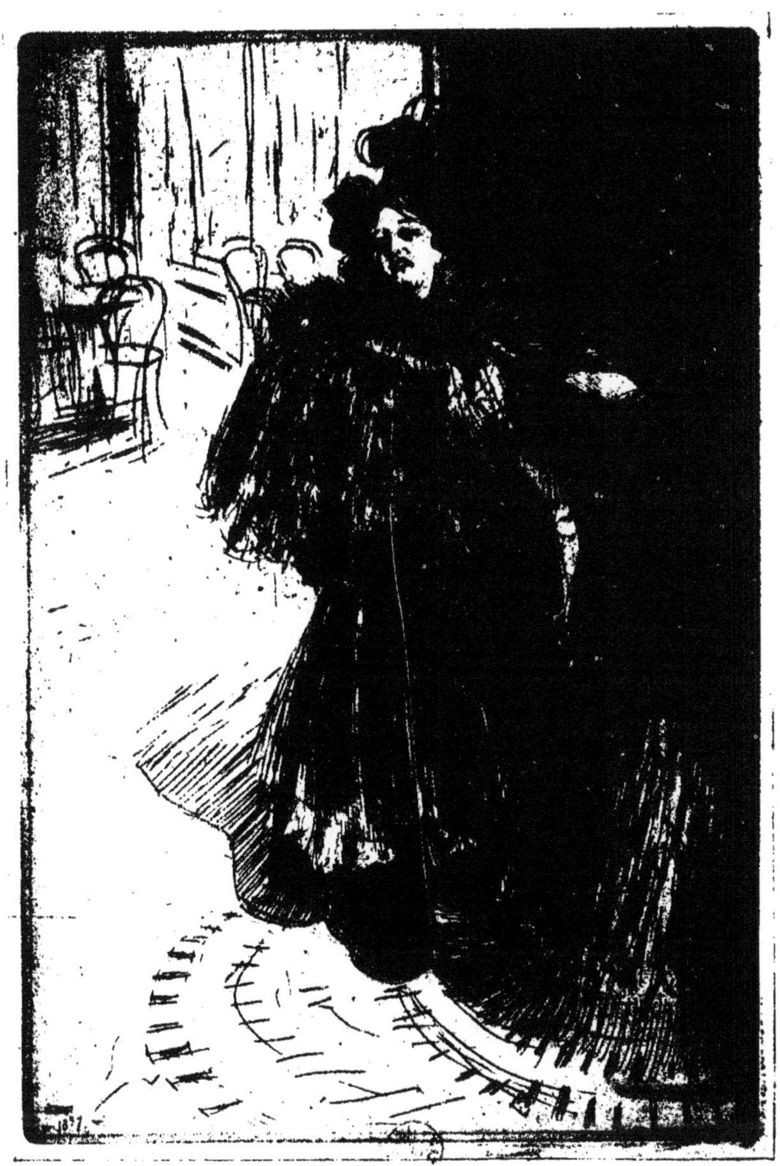

N° 106 du Catalogue.

TRUCHET (Abel)

104. Les Danseuses, Le Quadrille, 2 lithographies en couleurs faisant pendants ; cadre chêne et or.

ZORN (A.)

105. La femme à la cigarette. (*R. de Sch. 44*) eau-forte originale, superbe épreuve, signée ; cadre chêne et or.

106. Effet de nuit à Paris (83) eau-forte originale, magnifique épreuve signée ; cadre chêne et or.

107. La Jeune mère (G. de Sch. 121), eau-forte originale, superbe épreuve, signée ; cadre chêne et or.

108. Mon modèle et mon bateau (*G. de Sch. 68*), eau-forte originale, très belle épreuve signée du 2e état ; cadre chêne.

109. Portrait de Renan, eau-forte originale, magnifique épreuve signée ; cadre chêne et or.

110. Le Roi Oscar de Suède (102), eau-forte originale, superbe épreuve signée ; cadre chêne et or.

111. Mme Salomon, (R. de Sch. 34) eau-forte originale, superbe épreuve sur japon, signée. Rare. Cadre doré.

112. Portrait de Mme Simon, 1re PLANCHE, eau-forte originale in 8° en hauteur, superbe épreuve signée ; cadre doré.

Planche non cataloguée, d'une rareté extrême, *peut-être UNIQUE*, elle a été exécutée quelques jours avant la grande planche (*R. de Sch. n° 47*) et détruite, parait-il, immédiatement. Reproduite sur la couverture du Catalogue.

113. Madame Simon (R. de Sch. 47), eau-forte originale, magnifique épreuve *avec dédicace signée* ; cadre bois naturel.

114. Zorn et sa femme (26), eau-forte originale, superbe épreuve sur japon, *avec dédicace signée* ; cadre or fin.

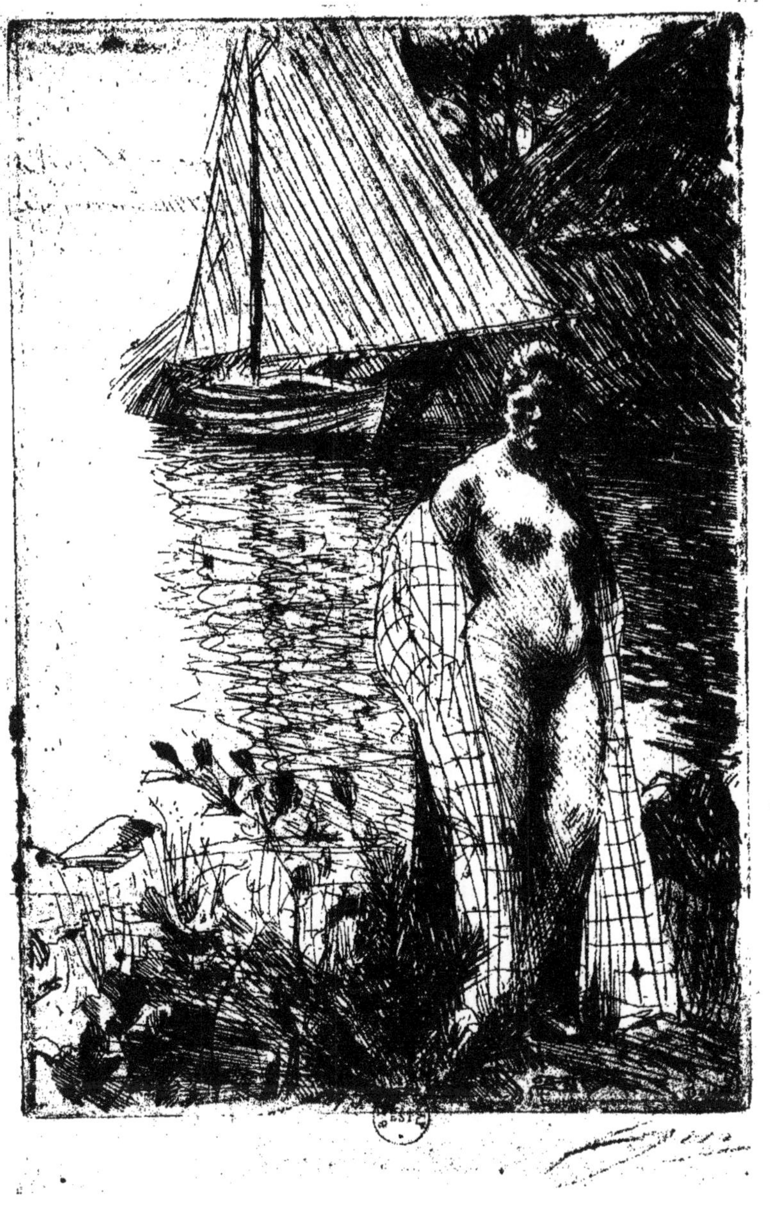

Nº 108 du Catalogue.

CÉRAMIQUE

CAMBRAI

115. Une assiette à pieds, marli ajouré ; *Cambray* 1757.

PORCELAINE DE CHINE

116. 1 petit plat à pans en ancienne porcelaine de chine à décor en émaux de la famille rose à fleurs et attributs. *Vente de feu M^r de St-Rémy.*

FAIENCE DE DELFT

117. 1 Assiette à fond jaune jonquille, décorée d'une garniture, et différents autres objets chinois, en camaïeu bleu. *Vente du baron Wykersbooth.*

FAIENCE DE NIEDERWILLER

118. 1 assiette, bordure vannerie à jour, le centre orné d'un paysage en camaïeu rose. *Vente du baron Wykersbooth.*

FAIENCE DE RHODES

119. *a)* 1 Plat en ancienne faïence, décor personnage et fleurs fond vert.

b) 1 Plat en ancienne faïence, décor d'animaux.

c) 1 Plat en ancienne faïence, décor lapin et renard.

FAIENCE DE ROUEN

120. Plateau de forme octogone, décor polychrôme ; au centre, un paysage chinois ; le marly quadrillé à réserve de fleurs *guillebaud. Vente du baron Wykersbooth.*

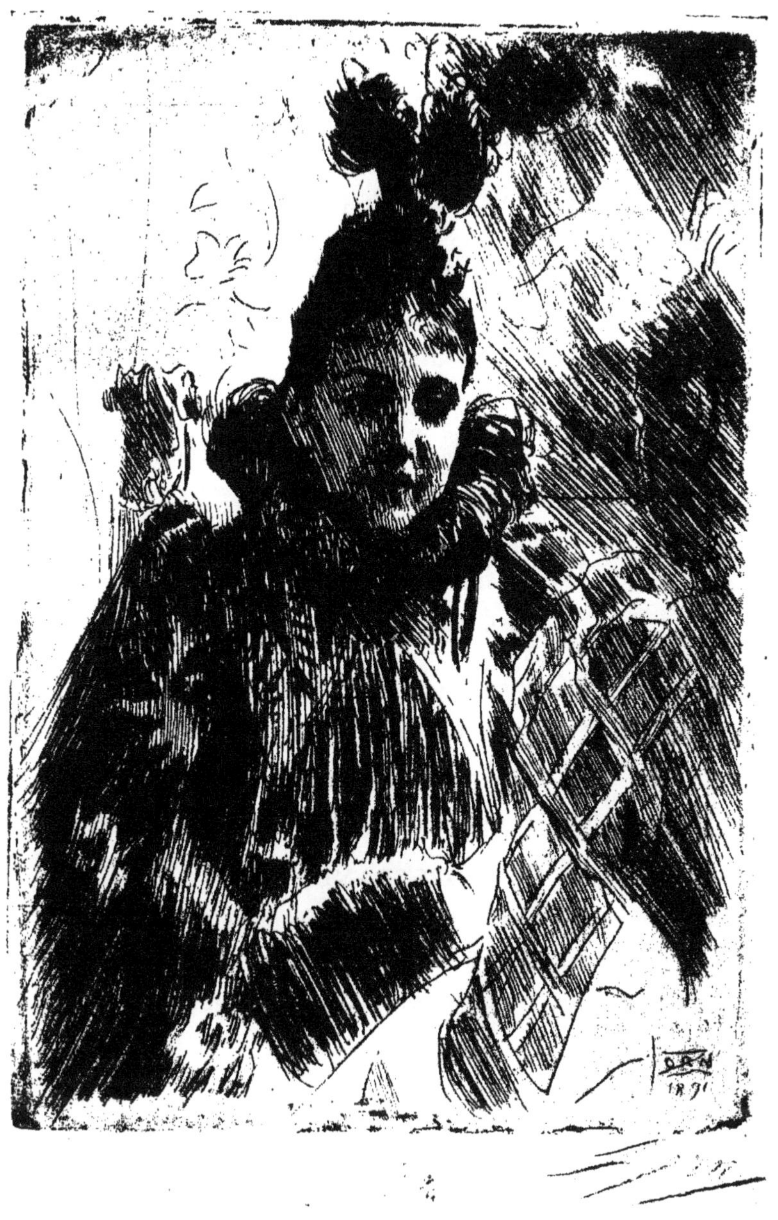

Nº 111 du Catalogue.

FAIENCE DE SINCENY

121. Assiette de forme contournée, décor polychrôme dit au perroquet. *Vente du baron Wykersbooth.*

FAIENCE DE STRASBOURG

122. Assiette imitation vannerie, bordure repercée à jour, décor polychrome à bouquet de fleurs. *Vente du baron Wykersbooth.*

COPENHAGUE

N.-B. — *Les nos 123 à 136 sont des pièces d'Exposition provenant des dernières Expositions Universelles de 1879 et de 1900.*

123. 1 cendrier, manufacture Royale de Copenhague : écrevisse.

DELFT

124. 1 Grand cornet, Delft, décor polychrome au dragon.

GUSTAFSBERG

125. 1 Cache-pot, décor polychrome faïence danoise (chardons).

126. 5 Petits vases de *Gustafsberg.*

ROOKWOOD

127. 1 cruche décor polychrome (groseilles blanches).

RORSTRAND

128. 2 Vases blancs, à décor de fleurs en relief.

129. 1 Vase blanc, à décor de raisins.

130. 1 Vase bas à décor rose sur noir. Exposition universelle de 1900.

SÈVRES

131. 1 petit vase application de pâte de Doat (*Joueuse de flûte*). Manufacture de Sèvres (*pièce d'Exposition de 1879*).

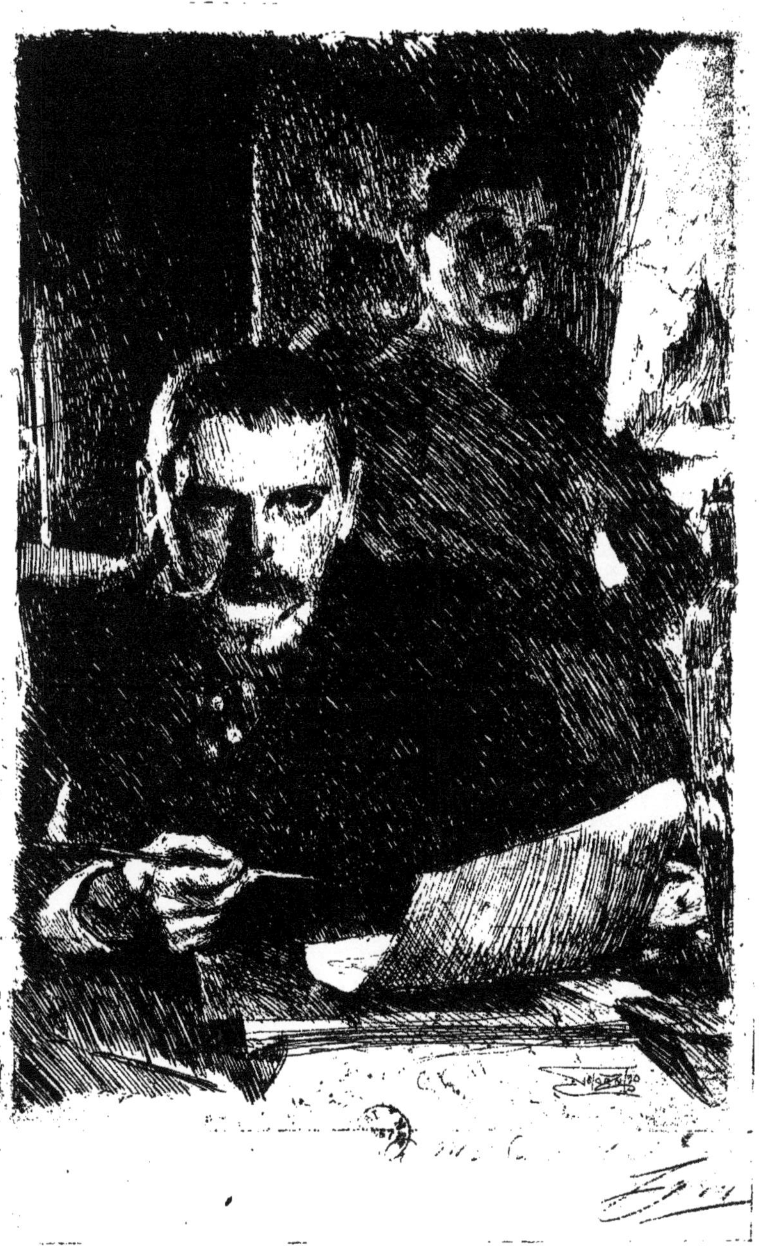

N° 114 du Catalogue.

132. 1 petit vase application de pâte de Doat (*Médaillon de la République*). Manufacture de Sèvres (*pièce d'Exposition de 1879*).

133. 1 grand vase bleu jaspé à bague. Manufacture de Sèvres, 1882.

134. Deux plaques rectangulaires, par *Solon Miles*.

Vénus assise, tenant un livre dans lequel lit un petit génie. Au-dessus on lit : *Roman nouveau*.

L'autre représente Vénus et l'Amour endormis. On lit au-dessus : *Histoire ancienne*.

135. 1 plaque peinte, oiseaux et fleurs par *Jacober* de *Sèvres*.

136. 1 assiette en émail sur fond bleu.

137. Jeux d'échecs Japonais ivoire.

IMPRIMERIE

FRAZIER-SOYE

153-157, Rue Montmartre

PARIS

www.ingramcontent.com/pod-product-compliance
Ingram Content Group UK Ltd.
Pitfield, Milton Keynes, MK11 3LW, UK
UKHW020527180726
13839UKWH00005B/2347